മലയാളം ബറഖാദി എഴുത്ത് പുസ്തകം

സൌണിക അഗർവാൾ

COLOUR SONIC

അക്ഷരമാല

സ്വരാക്ഷരങ്ങൾ

അ ആ ഇ ഈ ഉ ഊ ഋ

എ ഏ ഐ ഒ ഓ ഔ അം അഃ

വ്യഞ്ജനാക്ഷരങ്ങൾ

ക ഖ ഗ ഘ ങ

ച ഛ ജ ഝ ഞ

ട ഠ ഡ ഢ ണ

ത ഥ ദ ധ ന

പ ഫ ബ ഭ മ

യ ര ല വ ശ

ഷ സ ഹ ള ഴ റ

അ	ആ	ഇ	ഈ	ഉ	ഊ	ഋ	എ	ഏ	ഐ	ഒ	ഓ	ഔ	അം	അഃ
-	◌ാ	◌ി	◌ീ	◌ു	◌ൂ	◌ൃ	െ◌	േ◌	ൈ◌	െ◌ാ	േ◌ാ	െ◌ൗ	◌ം	◌ഃ
ക	കാ	കി	കീ	കു	കൂ	കൃ	കെ	കേ	കൈ	കൊ	കോ	കൌ	കം	കഃ
ഖ	ഖാ	ഖി	ഖീ	ഖു	ഖൂ	ഖൃ	ഖെ	ഖേ	ഖൈ	ഖൊ	ഖോ	ഖൌ	ഖം	ഖഃ
ഗ	ഗാ	ഗി	ഗീ	ഗു	ഗൂ	ഗൃ	ഗെ	ഗേ	ഗൈ	ഗൊ	ഗോ	ഗൌ	ഗം	ഗഃ
ഘ	ഘാ	ഘി	ഘീ	ഘു	ഘൂ	ഘൃ	ഘെ	ഘേ	ഘൈ	ഘൊ	ഘോ	ഘൌ	ഘം	ഘഃ
ങ	ങാ	ങി	ങീ	ങു	ങൂ	ങൃ	ങെ	ങേ	ങൈ	ങൊ	ങോ	ങൌ	ങം	ങഃ
ച	ചാ	ചി	ചീ	ചു	ചൂ	ചൃ	ചെ	ചേ	ചൈ	ചൊ	ചോ	ചൌ	ചം	ചഃ
ഛ	ഛാ	ഛി	ഛീ	ഛു	ഛൂ	ഛൃ	ഛെ	ഛേ	ഛൈ	ഛൊ	ഛോ	ഛൌ	ഛം	ഛഃ
ജ	ജാ	ജി	ജീ	ജു	ജൂ	ജൃ	ജെ	ജേ	ജൈ	ജൊ	ജോ	ജൌ	ജം	ജഃ
ഝ	ഝാ	ഝി	ഝീ	ഝു	ഝൂ	ഝൃ	ഝെ	ഝേ	ഝൈ	ഝൊ	ഝോ	ഝൌ	ഝം	ഝഃ
ഞ	ഞാ	ഞി	ഞീ	ഞു	ഞൂ	ഞൃ	ഞെ	ഞേ	ഞൈ	ഞൊ	ഞോ	ഞൌ	ഞം	ഞഃ
ട	ടാ	ടി	ടീ	ടു	ടൂ	ടൃ	ടെ	ടേ	ടൈ	ടൊ	ടോ	ടൌ	ടം	ടഃ
ഠ	ഠാ	ഠി	ഠീ	ഠു	ഠൂ	ഠൃ	ഠെ	ഠേ	ഠൈ	ഠൊ	ഠോ	ഠൌ	ഠം	ഠഃ
ഡ	ഡാ	ഡി	ഡീ	ഡു	ഡൂ	ഡൃ	ഡെ	ഡേ	ഡൈ	ഡൊ	ഡോ	ഡൌ	ഡം	ഡഃ
ഢ	ഢാ	ഢി	ഢീ	ഢു	ഢൂ	ഢൃ	ഢെ	ഢേ	ഢൈ	ഢൊ	ഢോ	ഢൌ	ഢം	ഢഃ
ണ	ണാ	ണി	ണീ	ണു	ണൂ	ണൃ	ണെ	ണേ	ണൈ	ണൊ	ണോ	ണൌ	ണം	ണഃ
ത	താ	തി	തീ	തു	തൂ	തൃ	തെ	തേ	തൈ	തൊ	തോ	തൌ	തം	തഃ
ഥ	ഥാ	ഥി	ഥീ	ഥു	ഥൂ	ഥൃ	ഥെ	ഥേ	ഥൈ	ഥൊ	ഥോ	ഥൌ	ഥം	ഥഃ
ദ	ദാ	ദി	ദീ	ദു	ദൂ	ദൃ	ദെ	ദേ	ദൈ	ദൊ	ദോ	ദൌ	ദം	ദഃ

അ	ആ	ഇ	ഈ	ഉ	ഊ	ഋ	എ	ഏ	ഐ	ഒ	ഓ	ഔ	അം	അഃ
-	◌ാ	◌ി	◌ീ	◌ു	◌ൂ	◌ൃ	◌െ	◌േ	◌ൈ	◌ൊ	◌ോ	◌ൌ	◌ം	◌ഃ
ധ	ധാ	ധി	ധീ	ധു	ധൂ	ധൃ	ധെ	ധേ	ധൈ	ധൊ	ധോ	ധൌ	ധം	ധഃ
ന	നാ	നി	നീ	നു	നൂ	നൃ	നെ	നേ	നൈ	നൊ	നോ	നൌ	നം	നഃ
പ	പാ	പി	പീ	പു	പൂ	പൃ	പെ	പേ	പൈ	പൊ	പോ	പൌ	പം	പഃ
ഫ	ഫാ	ഫി	ഫീ	ഫു	ഫൂ	ഫൃ	ഫെ	ഫേ	ഫൈ	ഫൊ	ഫോ	ഫൌ	ഫം	ഫഃ
ബ	ബാ	ബി	ബീ	ബു	ബൂ	ബൃ	ബെ	ബേ	ബൈ	ബൊ	ബോ	ബൌ	ബം	ബഃ
ഭ	ഭാ	ഭി	ഭീ	ഭു	ഭൂ	ഭൃ	ഭെ	ഭേ	ഭൈ	ഭൊ	ഭോ	ഭൌ	ഭം	ഭഃ
മ	മാ	മി	മീ	മു	മൂ	മൃ	മെ	മേ	മൈ	മൊ	മോ	മൌ	മം	മഃ
യ	യാ	യി	യീ	യു	യൂ	യൃ	യെ	യേ	യൈ	യൊ	യോ	യൌ	യം	യഃ
ര	രാ	രി	രീ	രു	രൂ	രൃ	രെ	രേ	രൈ	രൊ	രോ	രൌ	രം	രഃ
ല	ലാ	ലി	ലീ	ലു	ലൂ	ലൃ	ലെ	ലേ	ലൈ	ലൊ	ലോ	ലൌ	ലം	ലഃ
വ	വാ	വി	വീ	വു	വൂ	വൃ	വെ	വേ	വൈ	വൊ	വോ	വൌ	വം	വഃ
ശ	ശാ	ശി	ശീ	ശു	ശൂ	ശൃ	ശെ	ശേ	ശൈ	ശൊ	ശോ	ശൌ	ശം	ശഃ
ഷ	ഷാ	ഷി	ഷീ	ഷു	ഷൂ	ഷൃ	ഷെ	ഷേ	ഷൈ	ഷൊ	ഷോ	ഷൌ	ഷം	ഷഃ
സ	സാ	സി	സീ	സു	സൂ	സൃ	സെ	സേ	സൈ	സൊ	സോ	സൌ	സം	സഃ
ഹ	ഹാ	ഹി	ഹീ	ഹു	ഹൂ	ഹൃ	ഹെ	ഹേ	ഹൈ	ഹൊ	ഹോ	ഹൌ	ഹം	ഹഃ
ള	ളാ	ളി	ളീ	ളു	ളൂ	ളൃ	ളെ	ളേ	ളൈ	ളൊ	ളോ	ളൌ	ളം	ളഃ
ഴ	ഴാ	ഴി	ഴീ	ഴു	ഴൂ	ഴൃ	ഴെ	ഴേ	ഴൈ	ഴൊ	ഴോ	ഴൌ	ഴം	ഴഃ
റ	റാ	റി	റീ	റു	റൂ	റൃ	റെ	റേ	റൈ	റൊ	റോ	റൌ	റം	റഃ

ക കാ കി കീ കു കൂ കൃ കെ

ക കാ കി കീ കു കൂ കൃ കെ

ക കാ കി കീ കു കൂ കൃ കെ

ക കാ കി കീ കു കൂ കൃ കെ

ക കാ കി കീ കു കൂ കൃ കെ

കേ കൈ കൊ കോ കൗ കം കഃ

കേ കൈ കൊ കോ കൗ കം കഃ

കേ കൈ കൊ കോ കൗ കം കഃ

കേ കൈ കൊ കോ കൗ കം കഃ

കേ കൈ കൊ കോ കൗ കം കഃ

വ വാ വി വീ വു വൂ വൃ വെ

വ വാ വി വീ വു വൂ വൃ വെ

വ വാ വി വീ വു വൂ വൃ വെ

വ വാ വി വീ വു വൂ വൃ വെ

വ വാ വി വീ വു വൂ വൃ വെ

വേ വൈ വൊ വോ വൗ വം വഃ

വേ വൈ വൊ വോ വൗ വം വഃ

വേ വൈ വൊ വോ വൗ വം വഃ

വേ വൈ വൊ വോ വൗ വം വഃ

വേ വൈ വൊ വോ വൗ വം വഃ

ഗ ഗാ ഗി ഗീ ഗു ഗൂ ഗൃ ഗെ

ഗ ഗാ ഗി ഗീ ഗു ഗൂ ഗൃ ഗെ

ഗ ഗാ ഗി ഗീ ഗു ഗൂ ഗൃ ഗെ

ഗ ഗാ ഗി ഗീ ഗു ഗൂ ഗൃ ഗെ

ഗ ഗാ ഗി ഗീ ഗു ഗൂ ഗൃ ഗെ

ഗേ ഗൈ ഗൊ ഗോ ഗൌ ഗം ഗഃ

ഗേ ഗൈ ഗൊ ഗോ ഗൌ ഗം ഗഃ

ഗേ ഗൈ ഗൊ ഗോ ഗൌ ഗം ഗഃ

ഗേ ഗൈ ഗൊ ഗോ ഗൌ ഗം ഗഃ

ഗേ ഗൈ ഗൊ ഗോ ഗൌ ഗം ഗഃ

ഘ ഘാ ഘി ഘീ ഘു ഘൂ ഘൃ ഘെ

ഘ ഘാ ഘി ഘീ ഘു ഘൂ ഘൃ ഘെ

ഘ ഘാ ഘി ഘീ ഘു ഘൂ ഘൃ ഘെ

ഘ ഘാ ഘി ഘീ ഘു ഘൂ ഘൃ ഘെ

ഘ ഘാ ഘി ഘീ ഘു ഘൂ ഘൃ ഘെ

ഘേ ഘൈ ഘൊ ഘോ ഘൌ ഘം ഘഃ

ഘേ ഘൈ ഘൊ ഘോ ഘൌ ഘം ഘഃ

ഘേ ഘൈ ഘൊ ഘോ ഘൌ ഘം ഘഃ

ഘേ ഘൈ ഘൊ ഘോ ഘൌ ഘം ഘഃ

ഘേ ഘൈ ഘൊ ഘോ ഘൌ ഘം ഘഃ

ഞ ഞാ ഞി ഞീ ഞു ഞൂ ഞൃ ഞെ

ഞ ഞാ ഞി ഞീ ഞു ഞൂ ഞൃ ഞെ

ഞ ഞാ ഞി ഞീ ഞു ഞൂ ഞൃ ഞെ

ഞ ഞാ ഞി ഞീ ഞു ഞൂ ഞൃ ഞെ

ഞ ഞാ ഞി ഞീ ഞു ഞൂ ഞൃ ഞെ

ഞേ ഞൈ ഞൊ ഞോ ഞൌ ഞം ഞഃ

ഞേ ഞൈ ഞൊ ഞോ ഞൌ ഞം ഞഃ

ഞേ ഞൈ ഞൊ ഞോ ഞൌ ഞം ഞഃ

ഞേ ഞൈ ഞൊ ഞോ ഞൌ ഞം ഞഃ

ഞേ ഞൈ ഞൊ ഞോ ഞൌ ഞം ഞഃ

ച ചാ ചി ചീ ചു ചൂ ചൃ ചെ

ച ചാ ചി ചീ ചു ചൂ ചൃ ചെ

ച ചാ ചി ചീ ചു ചൂ ചൃ ചെ

ച ചാ ചി ചീ ചു ചൂ ചൃ ചെ

ച ചാ ചി ചീ ചു ചൂ ചൃ ചെ

ചേ ചൈ ചൊ ചോ ചൌ ചം ചഃ

ചേ ചൈ ചൊ ചോ ചൌ ചം ചഃ

ചേ ചൈ ചൊ ചോ ചൌ ചം ചഃ

ചേ ചൈ ചൊ ചോ ചൌ ചം ചഃ

ചേ ചൈ ചൊ ചോ ചൌ ചം ചഃ

ഛ ഛാ ഛി ഛീ ഛു ഛൂ ഛൃ ഛെ
ഛ ഛാ ഛി ഛീ ഛു ഛൂ ഛൃ ഛെ
ഛ ഛാ ഛി ഛീ ഛു ഛൂ ഛൃ ഛെ
ഛ ഛാ ഛി ഛീ ഛു ഛൂ ഛൃ ഛെ
ഛ ഛാ ഛി ഛീ ഛു ഛൂ ഛൃ ഛെ

ഛേ ഛൈ ഛൊ ഛോ ഛൌ ഛം ഛഃ
ഛേ ഛൈ ഛൊ ഛോ ഛൌ ഛം ഛഃ
ഛേ ഛൈ ഛൊ ഛോ ഛൌ ഛം ഛഃ
ഛേ ഛൈ ഛൊ ഛോ ഛൌ ഛം ഛഃ
ഛേ ഛൈ ഛൊ ഛോ ഛൌ ഛം ഛഃ

ജ ജാ ജി ജീ ജു ജൂ ജൃ ജെ

ജ ജാ ജി ജീ ജു ജൂ ജൃ ജെ

ജ ജാ ജി ജീ ജു ജൂ ജൃ ജെ

ജ ജാ ജി ജീ ജു ജൂ ജൃ ജെ

ജ ജാ ജി ജീ ജു ജൂ ജൃ ജെ

ജേ ജൈ ജൊ ജോ ജൗ ജം ജഃ

ജേ ജൈ ജൊ ജോ ജൗ ജം ജഃ

ജേ ജൈ ജൊ ജോ ജൗ ജം ജഃ

ജേ ജൈ ജൊ ജോ ജൗ ജം ജഃ

ജേ ജൈ ജൊ ജോ ജൗ ജം ജഃ

ച ചാ ചി ചീ ചു ചൂ ചൃ ചെ

ച ചാ ചി ചീ ചു ചൂ ചൃ ചെ

ച ചാ ചി ചീ ചു ചൂ ചൃ ചെ

ച ചാ ചി ചീ ചു ചൂ ചൃ ചെ

ച ചാ ചി ചീ ചു ചൂ ചൃ ചെ

ചേ ചൈ ചൊ ചോ ചൗ ചം ചഃ

ചേ ചൈ ചൊ ചോ ചൗ ചം ചഃ

ചേ ചൈ ചൊ ചോ ചൗ ചം ചഃ

ചേ ചൈ ചൊ ചോ ചൗ ചം ചഃ

ചേ ചൈ ചൊ ചോ ചൗ ചം ചഃ

ജ ജാ ജി ജീ ജു ജൂ ജൃ ജെ

ജ ജാ ജി ജീ ജു ജൂ ജൃ ജെ

ജ ജാ ജി ജീ ജു ജൂ ജൃ ജെ

ജ ജാ ജി ജീ ജു ജൂ ജൃ ജെ

ജ ജാ ജി ജീ ജു ജൂ ജൃ ജെ

ജേ ജൈ ജൊ ജോ ജൌ ജം ജഃ

ജേ ജൈ ജൊ ജോ ജൌ ജം ജഃ

ജേ ജൈ ജൊ ജോ ജൌ ജം ജഃ

ജേ ജൈ ജൊ ജോ ജൌ ജം ജഃ

ജേ ജൈ ജൊ ജോ ജൌ ജം ജഃ

ഝ ഝാ ഝി ഝീ ഝു ഝൂ ഝൃ ഝെ
ഝ ഝാ ഝി ഝീ ഝു ഝൂ ഝൃ ഝെ
ഝ ഝാ ഝി ഝീ ഝു ഝൂ ഝൃ ഝെ
ഝ ഝാ ഝി ഝീ ഝു ഝൂ ഝൃ ഝെ
ഝ ഝാ ഝി ഝീ ഝു ഝൂ ഝൃ ഝെ

ഝേ ഝൈ ഝൊ ഝോ ഝൗ ഝം ഝഃ
ഝേ ഝൈ ഝൊ ഝോ ഝൗ ഝം ഝഃ
ഝേ ഝൈ ഝൊ ഝോ ഝൗ ഝം ഝഃ
ഝേ ഝൈ ഝൊ ഝോ ഝൗ ഝം ഝഃ
ഝേ ഝൈ ഝൊ ഝോ ഝൗ ഝം ഝഃ

ഞ ഞാ ഞി ഞീ ഞു ഞൂ ഞൃ ഞെ

ഞ ഞാ ഞി ഞീ ഞു ഞൂ ഞൃ ഞെ

ഞ ഞാ ഞി ഞീ ഞു ഞൂ ഞൃ ഞെ

ഞ ഞാ ഞി ഞീ ഞു ഞൂ ഞൃ ഞെ

ഞ ഞാ ഞി ഞീ ഞു ഞൂ ഞൃ ഞെ

ഞേ ഞൈ ഞൊ ഞോ ഞൌ ഞം ഞഃ

ഞേ ഞൈ ഞൊ ഞോ ഞൌ ഞം ഞഃ

ഞേ ഞൈ ഞൊ ഞോ ഞൌ ഞം ഞഃ

ഞേ ഞൈ ഞൊ ഞോ ഞൌ ഞം ഞഃ

ഞേ ഞൈ ഞൊ ഞോ ഞൌ ഞം ഞഃ

រ រា រិ រី រុ រូ រួ េរ

រ រា រិ រី រុ រូ រួ េរ

រ រា រិ រី រុ រូ រួ េរ

រ រា រិ រី រុ រូ រួ េរ

រ រា រិ រី រុ រូ រួ េរ

ែរ ៃរ រោ រៅ រៀ រំ រះ

ែរ ៃរ រោ រៅ រៀ រំ រះ

ែរ ៃរ រោ រៅ រៀ រំ រះ

ែរ ៃរ រោ រៅ រៀ រំ រះ

ែរ ៃរ រោ រៅ រៀ រំ រះ

ഠ ഠാ ഠി ഠീ ഠു ഠൂ ഠൃ ഠെ

ഠ ഠാ ഠി ഠീ ഠു ഠൂ ഠൃ ഠെ

ഠ ഠാ ഠി ഠീ ഠു ഠൂ ഠൃ ഠെ

ഠ ഠാ ഠി ഠീ ഠു ഠൂ ഠൃ ഠെ

ഠ ഠാ ഠി ഠീ ഠു ഠൂ ഠൃ ഠെ

ഠേ ഠൈ ഠൊ ഠോ ഠൌ ഠം ഠഃ

ഠേ ഠൈ ഠൊ ഠോ ഠൌ ഠം ഠഃ

ഠേ ഠൈ ഠൊ ഠോ ഠൌ ഠം ഠഃ

ഠേ ഠൈ ഠൊ ഠോ ഠൌ ഠം ഠഃ

ഠേ ഠൈ ഠൊ ഠോ ഠൌ ഠം ഠഃ

ഡ ഡാ ഡി ഡീ ഡു ഡൂ ഡൃ ഡെ
ഡ ഡാ ഡി ഡീ ഡു ഡൂ ഡൃ ഡെ
ഡ ഡാ ഡി ഡീ ഡു ഡൂ ഡൃ ഡെ
ഡ ഡാ ഡി ഡീ ഡു ഡൂ ഡൃ ഡെ
ഡ ഡാ ഡി ഡീ ഡു ഡൂ ഡൃ ഡെ

ഡേ ഡൈ ഡൊ ഡോ ഡൌ ഡം ഡഃ
ഡേ ഡൈ ഡൊ ഡോ ഡൌ ഡം ഡഃ
ഡേ ഡൈ ഡൊ ഡോ ഡൌ ഡം ഡഃ
ഡേ ഡൈ ഡൊ ഡോ ഡൌ ഡം ഡഃ
ഡേ ഡൈ ഡൊ ഡോ ഡൌ ഡം ഡഃ

ഢ ഢാ ഢി ഢീ ഢു ഢൂ ഢൃ ഢെ

ഢ ഢാ ഢി ഢീ ഢു ഢൂ ഢൃ ഢെ

ഢ ഢാ ഢി ഢീ ഢു ഢൂ ഢൃ ഢെ

ഢ ഢാ ഢി ഢീ ഢു ഢൂ ഢൃ ഢെ

ഢ ഢാ ഢി ഢീ ഢു ഢൂ ഢൃ ഢെ

ഢേ ഢൈ ഢൊ ഢോ ഢൗ ഢം ഢഃ

ഢേ ഢൈ ഢൊ ഢോ ഢൗ ഢം ഢഃ

ഢേ ഢൈ ഢൊ ഢോ ഢൗ ഢം ഢഃ

ഢേ ഢൈ ഢൊ ഢോ ഢൗ ഢം ഢഃ

ഢേ ഢൈ ഢൊ ഢോ ഢൗ ഢം ഢഃ

ഞ ഞാ ഞി ഞീ ഞു ഞൂ ഞൃ ഞെ

ഞ ഞാ ഞി ഞീ ഞു ഞൂ ഞൃ ഞെ

ഞ ഞാ ഞി ഞീ ഞു ഞൂ ഞൃ ഞെ

ഞ ഞാ ഞി ഞീ ഞു ഞൂ ഞൃ ഞെ

ഞ ഞാ ഞി ഞീ ഞു ഞൂ ഞൃ ഞെ

ഞേ ഞൈ ഞൊ ഞോ ഞൌ ഞം ഞഃ

ഞേ ഞൈ ഞൊ ഞോ ഞൌ ഞം ഞഃ

ഞേ ഞൈ ഞൊ ഞോ ഞൌ ഞം ഞഃ

ഞേ ഞൈ ഞൊ ഞോ ഞൌ ഞം ഞഃ

ഞേ ഞൈ ഞൊ ഞോ ഞൌ ഞം ഞഃ

ത താ തി തീ തു തൂ തൃ തെ

ത താ തി തീ തു തൂ തൃ തെ

ത താ തി തീ തു തൂ തൃ തെ

ത താ തി തീ തു തൂ തൃ തെ

ത താ തി തീ തു തൂ തൃ തെ

തേ തൈ തൊ തോ തൗ തം തഃ

തേ തൈ തൊ തോ തൗ തം തഃ

തേ തൈ തൊ തോ തൗ തം തഃ

തേ തൈ തൊ തോ തൗ തം തഃ

തേ തൈ തൊ തോ തൗ തം തഃ

ഥ ഥാ ഥി ഥീ ഥു ഥൂ ഥൃ ഥെ

ഥ ഥാ ഥി ഥീ ഥു ഥൂ ഥൃ ഥെ

ഥ ഥാ ഥി ഥീ ഥു ഥൂ ഥൃ ഥെ

ഥ ഥാ ഥി ഥീ ഥു ഥൂ ഥൃ ഥെ

ഥ ഥാ ഥി ഥീ ഥു ഥൂ ഥൃ ഥെ

ഥേ ഥൈ ഥൊ ഥോ ഥൗ ഥം ഥഃ

ഥേ ഥൈ ഥൊ ഥോ ഥൗ ഥം ഥഃ

ഥേ ഥൈ ഥൊ ഥോ ഥൗ ഥം ഥഃ

ഥേ ഥൈ ഥൊ ഥോ ഥൗ ഥം ഥഃ

ഥേ ഥൈ ഥൊ ഥോ ഥൗ ഥം ഥഃ

ഭ ഭാ ഭി ഭീ ഭു ഭൂ ഭൃ ഭെ

ഭ ഭാ ഭി ഭീ ഭു ഭൂ ഭൃ ഭെ

ഭ ഭാ ഭി ഭീ ഭു ഭൂ ഭൃ ഭെ

ഭ ഭാ ഭി ഭീ ഭു ഭൂ ഭൃ ഭെ

ഭ ഭാ ഭി ഭീ ഭു ഭൂ ഭൃ ഭെ

ഭേ ഭൈ ഭൊ ഭോ ഭൌ ഭം ഭഃ

ഭേ ഭൈ ഭൊ ഭോ ഭൌ ഭം ഭഃ

ഭേ ഭൈ ഭൊ ഭോ ഭൌ ഭം ഭഃ

ഭേ ഭൈ ഭൊ ഭോ ഭൌ ഭം ഭഃ

ഭേ ഭൈ ഭൊ ഭോ ഭൌ ഭം ഭഃ

ധ ധാ ധി ധീ ധു ധൂ ധൃ ധെ

ധ ധാ ധി ധീ ധു ധൂ ധൃ ധെ

ധ ധാ ധി ധീ ധു ധൂ ധൃ ധെ

ധ ധാ ധി ധീ ധു ധൂ ധൃ ധെ

ധ ധാ ധി ധീ ധു ധൂ ധൃ ധെ

ധേ ധൈ ധൊ ധോ ധൌ ധം ധഃ

ധേ ധൈ ധൊ ധോ ധൌ ധം ധഃ

ധേ ധൈ ധൊ ധോ ധൌ ധം ധഃ

ധേ ധൈ ധൊ ധോ ധൌ ധം ധഃ

ധേ ധൈ ധൊ ധോ ധൌ ധം ധഃ

ന നാ നി നീ നു നൂ നൃ നെ

ന നാ നി നീ നു നൂ നൃ നെ

ന നാ നി നീ നു നൂ നൃ നെ

ന നാ നി നീ നു നൂ നൃ നെ

ന നാ നി നീ നു നൂ നൃ നെ

നേ നൈ നൊ നോ നൗ നം നഃ

നേ നൈ നൊ നോ നൗ നം നഃ

നേ നൈ നൊ നോ നൗ നം നഃ

നേ നൈ നൊ നോ നൗ നം നഃ

നേ നൈ നൊ നോ നൗ നം നഃ

പ പാ പി പീ പു പൂ പൃ പെ

പ പാ പി പീ പു പൂ പൃ പെ

പ പാ പി പീ പു പൂ പൃ പെ

പ പാ പി പീ പു പൂ പൃ പെ

പ പാ പി പീ പു പൂ പൃ പെ

പേ പൈ പൊ പോ പൗ പം പഃ

പേ പൈ പൊ പോ പൗ പം പഃ

പേ പൈ പൊ പോ പൗ പം പഃ

പേ പൈ പൊ പോ പൗ പം പഃ

പേ പൈ പൊ പോ പൗ പം പഃ

ഹ ഹാ ഹി ഹീ ഹു ഹൂ ഹൃ ഹെ

ഹ ഹാ ഹി ഹീ ഹു ഹൂ ഹൃ ഹെ

ഹ ഹാ ഹി ഹീ ഹു ഹൂ ഹൃ ഹെ

ഹ ഹാ ഹി ഹീ ഹു ഹൂ ഹൃ ഹെ

ഹ ഹാ ഹി ഹീ ഹു ഹൂ ഹൃ ഹെ

ഹേ ഹൈ ഹൊ ഹോ ഹൗ ഹം ഹഃ

ഹേ ഹൈ ഹൊ ഹോ ഹൗ ഹം ഹഃ

ഹേ ഹൈ ഹൊ ഹോ ഹൗ ഹം ഹഃ

ഹേ ഹൈ ഹൊ ഹോ ഹൗ ഹം ഹഃ

ഹേ ഹൈ ഹൊ ഹോ ഹൗ ഹം ഹഃ

ബ ബാ ബി ബീ ബു ബൂ ബൃ ബെ

ബ ബാ ബി ബീ ബു ബൂ ബൃ ബെ

ബ ബാ ബി ബീ ബു ബൂ ബൃ ബെ

ബ ബാ ബി ബീ ബു ബൂ ബൃ ബെ

ബ ബാ ബി ബീ ബു ബൂ ബൃ ബെ

ബേ ബൈ ബൊ ബോ ബൌ ബം ബഃ

ബേ ബൈ ബൊ ബോ ബൌ ബം ബഃ

ബേ ബൈ ബൊ ബോ ബൌ ബം ബഃ

ബേ ബൈ ബൊ ബോ ബൌ ബം ബഃ

ബേ ബൈ ബൊ ബോ ബൌ ബം ബഃ

ഭ ഭാ ഭി ഭീ ഭു ഭൂ ഭൃ ഭെ

ഭ ഭാ ഭി ഭീ ഭു ഭൂ ഭൃ ഭെ

ഭ ഭാ ഭി ഭീ ഭു ഭൂ ഭൃ ഭെ

ഭ ഭാ ഭി ഭീ ഭു ഭൂ ഭൃ ഭെ

ഭ ഭാ ഭി ഭീ ഭു ഭൂ ഭൃ ഭെ

ഭേ ഭൈ ഭൊ ഭോ ഭൗ ഭം ഭഃ

ഭേ ഭൈ ഭൊ ഭോ ഭൗ ഭം ഭഃ

ഭേ ഭൈ ഭൊ ഭോ ഭൗ ഭം ഭഃ

ഭേ ഭൈ ഭൊ ഭോ ഭൗ ഭം ഭഃ

ഭേ ഭൈ ഭൊ ഭോ ഭൗ ഭം ഭഃ

മ മാ മി മീ മു മൂ മൃ മെ

മ മാ മി മീ മു മൂ മൃ മെ

മ മാ മി മീ മു മൂ മൃ മെ

മ മാ മി മീ മു മൂ മൃ മെ

മ മാ മി മീ മു മൂ മൃ മെ

മേ മൈ മൊ മോ മൗ മം മഃ

മേ മൈ മൊ മോ മൗ മം മഃ

മേ മൈ മൊ മോ മൗ മം മഃ

മേ മൈ മൊ മോ മൗ മം മഃ

മേ മൈ മൊ മോ മൗ മം മഃ

യ യാ യി യീ യു യൂ യൃ യെ

യ യാ യി യീ യു യൂ യൃ യെ

യ യാ യി യീ യു യൂ യൃ യെ

യ യാ യി യീ യു യൂ യൃ യെ

യ യാ യി യീ യു യൂ യൃ യെ

യേ യൈ യൊ യോ യൗ യം യഃ

യേ യൈ യൊ യോ യൗ യം യഃ

യേ യൈ യൊ യോ യൗ യം യഃ

യേ യൈ യൊ യോ യൗ യം യഃ

യേ യൈ യൊ യോ യൗ യം യഃ

ര രാ രി രീ രു രൂ രൃ രെ

ര രാ രി രീ രു രൂ രൃ രെ

ര രാ രി രീ രു രൂ രൃ രെ

ര രാ രി രീ രു രൂ രൃ രെ

ര രാ രി രീ രു രൂ രൃ രെ

രേ രൈ രൊ രോ രൗ രം രഃ

രേ രൈ രൊ രോ രൗ രം രഃ

രേ രൈ രൊ രോ രൗ രം രഃ

രേ രൈ രൊ രോ രൗ രം രഃ

രേ രൈ രൊ രോ രൗ രം രഃ

ല ലാ ലി ലീ ലു ലൂ ലൃ ലെ
ല ലാ ലി ലീ ലു ലൂ ലൃ ലെ
ല ലാ ലി ലീ ലു ലൂ ലൃ ലെ
ല ലാ ലി ലീ ലു ലൂ ലൃ ലെ
ല ലാ ലി ലീ ലു ലൂ ലൃ ലെ

ലേ ലൈ ലൊ ലോ ലൗ ലം ലഃ
ലേ ലൈ ലൊ ലോ ലൗ ലം ലഃ
ലേ ലൈ ലൊ ലോ ലൗ ലം ലഃ
ലേ ലൈ ലൊ ലോ ലൗ ലം ലഃ
ലേ ലൈ ലൊ ലോ ലൗ ലം ലഃ

വ വാ വി വീ വു വൂ വൃ വെ

വ വാ വി വീ വു വൂ വൃ വെ

വ വാ വി വീ വു വൂ വൃ വെ

വ വാ വി വീ വു വൂ വൃ വെ

വ വാ വി വീ വു വൂ വൃ വെ

വേ വൈ വൊ വോ വൗ വം വഃ

വേ വൈ വൊ വോ വൗ വം വഃ

വേ വൈ വൊ വോ വൗ വം വഃ

വേ വൈ വൊ വോ വൗ വം വഃ

വേ വൈ വൊ വോ വൗ വം വഃ

ശ ശാ ശി ശീ ശു ശൂ ശൃ ശെ
ശ ശാ ശി ശീ ശു ശൂ ശൃ ശെ
ശ ശാ ശി ശീ ശു ശൂ ശൃ ശെ
ശ ശാ ശി ശീ ശു ശൂ ശൃ ശെ
ശ ശാ ശി ശീ ശു ശൂ ശൃ ശെ

ശേ ശൈ ശൊ ശോ ശൗ ശം ശഃ
ശേ ശൈ ശൊ ശോ ശൗ ശം ശഃ
ശേ ശൈ ശൊ ശോ ശൗ ശം ശഃ
ശേ ശൈ ശൊ ശോ ശൗ ശം ശഃ
ശേ ശൈ ശൊ ശോ ശൗ ശം ശഃ

ഷ ഷാ ഷി ഷീ ഷു ഷൂ ഷൃ ഷെ

ഷ ഷാ ഷി ഷീ ഷു ഷൂ ഷൃ ഷെ

ഷ ഷാ ഷി ഷീ ഷു ഷൂ ഷൃ ഷെ

ഷ ഷാ ഷി ഷീ ഷു ഷൂ ഷൃ ഷെ

ഷ ഷാ ഷി ഷീ ഷു ഷൂ ഷൃ ഷെ

ഷേ ഷൈ ഷൊ ഷോ ഷൌ ഷം ഷഃ

ഷേ ഷൈ ഷൊ ഷോ ഷൌ ഷം ഷഃ

ഷേ ഷൈ ഷൊ ഷോ ഷൌ ഷം ഷഃ

ഷേ ഷൈ ഷൊ ഷോ ഷൌ ഷം ഷഃ

ഷേ ഷൈ ഷൊ ഷോ ഷൌ ഷം ഷഃ

സ സാ സി സീ സു സൂ സൃ സെ

സ സാ സി സീ സു സൂ സൃ സെ

സ സാ സി സീ സു സൂ സൃ സെ

സ സാ സി സീ സു സൂ സൃ സെ

സ സാ സി സീ സു സൂ സൃ സെ

സേ സൈ സൊ സോ സൗ സം സഃ

സേ സൈ സൊ സോ സൗ സം സഃ

സേ സൈ സൊ സോ സൗ സം സഃ

സേ സൈ സൊ സോ സൗ സം സഃ

സേ സൈ സൊ സോ സൗ സം സഃ

ഹ ഹാ ഹി ഹീ ഹു ഹൂ ഹൃ ഹെ

ഹ ഹാ ഹി ഹീ ഹു ഹൂ ഹൃ ഹെ

ഹ ഹാ ഹി ഹീ ഹു ഹൂ ഹൃ ഹെ

ഹ ഹാ ഹി ഹീ ഹു ഹൂ ഹൃ ഹെ

ഹ ഹാ ഹി ഹീ ഹു ഹൂ ഹൃ ഹെ

ഹേ ഹൈ ഹൊ ഹോ ഹൗ ഹം ഹഃ

ഹേ ഹൈ ഹൊ ഹോ ഹൗ ഹം ഹഃ

ഹേ ഹൈ ഹൊ ഹോ ഹൗ ഹം ഹഃ

ഹേ ഹൈ ഹൊ ഹോ ഹൗ ഹം ഹഃ

ഹേ ഹൈ ഹൊ ഹോ ഹൗ ഹം ഹഃ

ള ളാ ളി ളീ ളു ളൂ ളൃ ളെ

ള ളാ ളി ളീ ളു ളൂ ളൃ ളെ

ള ളാ ളി ളീ ളു ളൂ ളൃ ളെ

ള ളാ ളി ളീ ളു ളൂ ളൃ ളെ

ള ളാ ളി ളീ ളു ളൂ ളൃ ളെ

ളേ ളൈ ളൊ ളോ ളൌ ളം ളഃ

ളേ ളൈ ളൊ ളോ ളൌ ളം ളഃ

ളേ ളൈ ളൊ ളോ ളൌ ളം ളഃ

ളേ ളൈ ളൊ ളോ ളൌ ളം ളഃ

ളേ ളൈ ളൊ ളോ ളൌ ളം ളഃ

ഴ ഴാ ഴി ഴീ ഴു ഴൂ ഴൃ ഴെ
ഴ ഴാ ഴി ഴീ ഴു ഴൂ ഴൃ ഴെ
ഴ ഴാ ഴി ഴീ ഴു ഴൂ ഴൃ ഴെ
ഴ ഴാ ഴി ഴീ ഴു ഴൂ ഴൃ ഴെ
ഴ ഴാ ഴി ഴീ ഴു ഴൂ ഴൃ ഴെ

ഴേ ഴൈ ഴൊ ഴോ ഴൌ ഴം ഴഃ
ഴേ ഴൈ ഴൊ ഴോ ഴൌ ഴം ഴഃ
ഴേ ഴൈ ഴൊ ഴോ ഴൌ ഴം ഴഃ
ഴേ ഴൈ ഴൊ ഴോ ഴൌ ഴം ഴഃ
ഴേ ഴൈ ഴൊ ഴോ ഴൌ ഴം ഴഃ

റ റാ റി റീ റു റൂ റൃ റെ

റ റാ റി റീ റു റൂ റൃ റെ

റ റാ റി റീ റു റൂ റൃ റെ

റ റാ റി റീ റു റൂ റൃ റെ

റ റാ റി റീ റു റൂ റൃ റെ

റേ റൈ റൊ റോ റൗ റം റഃ

റേ റൈ റൊ റോ റൗ റം റഃ

റേ റൈ റൊ റോ റൗ റം റഃ

റേ റൈ റൊ റോ റൗ റം റഃ

റേ റൈ റൊ റോ റൗ റം റഃ

നന്ദി

എഴുത്തുകാരനെ കുറിച്ച്

സോണിക അഗർവാൾ മുംബൈയിൽ വെബ് ഡിസൈനറായു ം ചിത്രകാരിയായു ം ജോലി ചെയ്യുന്നു. അവൾ ഫോട്ടോഗ്രാഫിയു ം യാത്രയു ം ഇഷ്ടപ്പെടുന്നു. ഈ പുസ്തകം നിങ്ങളുടെ ജീവിതത്തിന് നിറവും പഠനവും നൽകുമെന്ന് അവൾ പ്രതീക്ഷിക്കുന്നു.

പഠിക്കുക, വളരുക!

ബന്ധപ്പെടുക

വെബ്സൈറ്റ്: coloursonic.co.in

ഇമെയിൽ: coloursonicbooks@gmail.com

@colour_sonic @colour_sonic /colour.sonic.books

കൂടുതൽ പുസ്തകങ്ങൾ

Freepik (www.freepik.com) ഒപ്പം Vecteezy (www.vecteezy.com) ഉപയോഗിച്ച് രൂപകൽപ്പന ചെയ്തിരിക്കുന്നത്

www.ingramcontent.com/pod-product-compliance
Lightning Source LLC
Chambersburg PA
CBHW040224110726
48007CB00009B/163
* 9 7 9 8 8 8 7 8 3 4 5 5 9 *